해남 이희복 시와 에세이

삶의 여정

호맥

삶의 여정

시인의 말

 지난봄에 저는 입추까지 살아있을 것이라고는 생각도 못 했습니다. 하지만 저는 살아서 감사한 마음으로 매일 새벽기도 드리며 입추를 보내고 가을을 맞이했습니다.
 아직도 기적을 기다리며 생명의 외줄을 타고 하루하루를 살아가고 있지만, 나는 지금 7년 후 80회 생일과 17년 후 90회 생일에 초청할 명단을 작성하고 있습니다.
 오직 믿음과 감사와 사랑, 그리고 저와 아름답고 다양한 사연과 운명으로 인연이 되신 모든 분에 대한 순수한 그리움으로 반드시 극복할 수 있다고 믿기 때문입니다.
 아울러 서울아산병원 간담도췌외과 홍광표 교수님과 종양내과 유창훈 교수님, 포항 성모병원 심장내과 심병주 과장님과 소화기내과 박준석 과장님 및 허요일 간호사님을 비롯한 의료진과 한 분 한 분 일일이 언급할 수는 없지만, 저와 인연이 되신 모든 분에게 이 책을 바칩니다.

일상의 신앙생활과 병상의 고백을 투병 중 짧은 시간에 정리하여 미흡한 점이 많더라도 넓으신 아량으로 이해해주시기 바랍니다.

그리고 5년 후에도 계속 기적이 이루어진다면 그때 다시 책으로 보답하겠습니다. 그날의 만남을 소망하며 언제나 변함없이 믿음과 말씀 안에서 감사와 사랑으로 기도드리며 살아가겠습니다.

차례

■ 시인의 말 / 이희복

 **믿음**

12 · 삶의 여정
13 · 천국 가는 길
14 · 천국에서 만나리라
15 · 믿음·1
16 · 믿음의 삶
17 · 삶과 죽음
18 · 시련
19 · 순종
20 · 사명
21 · 간절한 기도
22 · 믿음·2

2부 소망

24 · 기억될 수만 있다면
25 · 회개의 새벽기도
26 · 구원
27 · 속죄
28 · 부활
29 · 내세來世로 가는 길
30 · 기도드릴 때
31 · 그 곳
32 · 그날을 예비한다
33 · 이슬처럼
34 · 소망·1
36 · 안식으로 가는 길
37 · 소망·2
38 · 믿음으로 만나리라

3부 사랑

40 · 새벽기도
41 · 성찬식
42 · 난 너에게
43 · 천국의 은혜
44 · 고백
45 · 용서
46 · 은혜
47 · 용서의 은혜
48 · 못 박는 소리
50 · 새벽 강
51 · 하나님은
52 · 성탄의 밤

 **봄비와 새벽기도**

54 · 봄비와 새벽기도
57 · 믿음의 씨앗
60 · 크리스마스트리의 단상
62 · 산소에 다녀오며 · 1
64 · 산소에 다녀오며 · 2
66 · 아들을 위한 기도
68 · 이별과 기원
71 · 영혼의 안경과 손수건
73 · 은행잎을 모으며
77 · 하나님의 시험(?)
80 · 신의 축복
82 · 나의 천국
85 · 천국 나들이

 **5부 생의 이별 앞에서**

90 · 병실에서 입춘을 보내며
92 · 입춘에 수술실로 가면서
93 · 생의 막다른 길에 서면
98 · 천국의 무지개
99 · 생의 이별 앞에서 · 1
100 · 생의 이별 앞에서 · 2
101 · 사랑하고 감사하자
102 · 최후가 보이면
104 · 라일락 향이 흐르고
105 · 희망
106 · 기적을 기다리며 · 1
107 · 일상이 기적
108 · 기적을 기다리며 · 2
110 · 소망
111 · 기적을 기다리며 · 3
115 · 믿음의 길
116 · 여생의 단상
118 · 오! 주님…
119 · 또다시 기적을 기다리며

1부

믿음

삶의 여정

흑암에서
한 줄기 빛으로

탄생의 신비로운
시간의 미로를 지나

슬픔과 기쁨 절망과 환희
욕망과 갈등의 세월을 헤치고

미지의 운명으로 향하는
회항할 수 없는 고난의 항해

망각의 세월에도 아름다웠던
추억들을 그리움으로 사위며

종말의 폭풍이 몰아쳐도
믿음으로 안식을 얻는다

천국 가는 길

세상에서
하나밖에 없는
성령과 은혜의 길

믿음의 길
부활의 길
영생의 길

빈부귀천 없이
오직 믿음으로
갈 수 있는 길

믿음의 길
부활의 길
영생의 길

천국에서 만나리라

그리스도 뵈옵기를
갈망하지 말라

성인聖人 뵙지 못함을
아쉬워 말라

사도使徒와 동행하지 못함을
안타까워 말라

사랑하는 성도 가심을
슬퍼하지 말라

반석 같은 믿음이
성령 충만한 은혜로

하나님 부르시는 그곳에서
다 함께 영원복락 누리리라

믿음·1

세발자전거 타다
두발자전거 타는

아들
"아빠, 절대 놓지 마!"

아빠
"그래, 꽉 잡고 있어!"

아들은 아빠 믿고
혼자서 힘차게 달린다

내 인생의 자전거도
험한 세상 힘차게 달린다

하나님이 꽉 잡고 계시니까

믿음의 삶

노을 자락 너머
하늘이 열리고

고개 숙인 슬픈 십자가
여린 세상 은혜 베푸니

십자가 드리운 그림자 따라
지나온 어린 세월 그리웁고

무거운 삶에 그림자 늘어만 가는데
임 없는 가슴에 십자가마저 사라지네

휘어진 삶이 서산으로 넘어가니 병든 가슴에
성령의 십자가 새싹처럼 피어나 촛불처럼 밝히니

믿음의 성수가 영혼을 씻어
당신 앞에 두 손 모으고

회개의 십자가 등에 메고
영원복락 열린 하늘 오르네

삶과 죽음

순교자 성지
순례자 무리

순교자가 죽었는가?
순례자가 죽었는가?

삶과 죽음은
하나님의 영역

믿음 없는 영혼에는
삶과 죽음은 의미 없는 것

순교자 성지
순례자 무리

순교자가 살아있는가?
순례자가 살아있는가?

시련

힘들다고
말하지 마라

죄 없이
우리의 죄
사하기 위하여
십자가에 못 박힌
그 고통 비할 바 누군가?

인내하고
믿고 순종하면
구원의 빛 비치리라

순종

황우의 크고
순한 눈망울
천명을 다하지 못하고
운명하는 줄 알고 있을까?

아무리
보아도
공포도 슬픔도 없다
체념한 것일까?

힘 한번
써보지 못하고
순종하는 삶이
성인 성자와 같다

우리도
신실한 믿음으로
자신을 희생하고
순종하며 살 수 없을까?

사명

시험이라면
인내하겠습니다

부르시면
따르겠습니다

은혜라면
온전한 믿음의 길로
한 발 한 발 다가가겠습니다

굳건한 믿음으로
고난의 가시밭길이라도
평안하게 걸어가겠습니다

주님이 주신 삶
사명을 다하는 영광의 그 날까지
속죄하며 말씀의 길로 가겠습니다.

간절한 기도

육신의 불꽃에서
피어오르는 영혼

뜨거운 불길에
육신이 재가 되어도

죄 없이 우리 죄를 대속하기
위하여 십자가에 못 박히신
그 고통 어찌 비할 수 있으랴

세월의 비바람에
백골이 진토塵土 되어도

한평생 선한 성도들과
신실한 믿음의 삶으로

영혼은 맑고 순수하게
천국의 영생 빌고 또 빈다

믿음·2

어두운 잿빛 구름
낮게 드리우고
가랑비마저 내려
마음이 슬픈 날에도

하나님은 언제나
구름 위에 눈부신 태양
푸른 하늘을 예비하시고
우리를 기다리고 계신다

2부

소망

기억될 수만 있다면

하나님께
기억될 수만 있다면

고난의 가시밭길
험한 길일지라도

명예도 권세도 재물도
속세의 연緣 내려놓고

십자가 짊어지고
온전한 믿음으로

기쁨으로 찬양하며
본향으로 가오리다

회개의 새벽기도

누구의 죄로
새벽부터 천둥번개는
이렇게 요란한가?

늦가을 차가운 새벽 비
비에 젖은 낙엽 밟으며
가로등도 젖어있는 숲길로
젖은 가슴으로 예배당으로 간다

떨어진 낙엽이 나요
젖은 낙엽이 나요
짓밟히는 낙엽이 나이기에
가엾은 영혼이 고개 숙인다

죄인의 떨리는 손으로
단풍잎이 떨어질지라도
아름다운 죄는 용서하시라고
새벽 비로 씻어 달라고
간절히 기도드린다

구원

오직
믿음 하나로

캄캄한 하늘이 열리고
은혜의 빛이 내려와

방황하던 탕아
돌아오니

가시나무에 백합이
피어나고

반석에 샘물이
솟아오르니

영육이 솜털처럼
성령의 바다를 유영한다

오직
믿음 하나로

속죄

만남이 무거워
버려진 인연

아우성치는
빛바랜 추억

절규하는
휘어진 삶

뒤뚱이는 자국마다
회한의 쇠사슬

구원을 기다리는
녹슨 십자가

성령의 은혜 간구하며
십자가에 가슴을 묻는다

부활

희로애락 연기되어
속세의 연緣 돌아서면

영겁의 시공에
홀로 누워

빗물 젖어 내린
풀뿌리 감싸 안고
자연과 하나 되어

계절이 오가고
백골이 진토되어
옥토로 변신하면

자유로운 영이 되어
꽃피고 새우는 대지에
아름답게 피어나리라

내세來世로 가는 길

저녁놀이 붉게 물든
하늘 너머로 여객기가
아스라이 점으로 사라진다

먼 훗날 내세來世로
오가는 하늘길이 열리면
모든 삶이 선善하여질까?

기도드릴 때

파아란 하늘
한 점 부끄럼 없이
바라볼 수 있을 때 기도하라

아득한 수평선
한 점 부끄럼 없이
바라볼 수 있을 때 기도하라

새벽하늘 별들
한 점 부끄럼 없이
바라볼 수 있을 때 기도하라

십자가 앞에서
한 점 부끄럼 없이
마음이 명징明澄할 때 기도하라

그때 하나님이
기도하는 당신 가슴에
성령으로 임하실 것이다

그곳

아스라이 노을이
부르는 저기에는
어느 누가 계실까?

저 강 건너간 사람들
저 하늘 넘어간 사람들
그곳에서 기다리고 있을까?

밤은 깊어 가는데
수평선은 더 아늑하고
별빛은 더 밝게 빛나는데

한평생 삶
그곳으로 가기 위해
예비하는 은혜의 여정

하늘이 열리고
찬송 소리 들리는 그곳에서
성령의 미소로 나를 부른다

그날을 예비한다

새벽마다
'저 높은 곳을 향하여'라는
찬송가를 부르시던 부모님은

딸자식 교통사고로 앞세우고
'해보다 더 밝은 저 천국'을 부르시며
그칠 줄 모르는 눈물을 흘리시더니

이제 모두 그곳으로 가시고
새벽이면 '나 같은 죄인 살리신' 하며
십자가 앞에 두 손 모으고 그날을 예비한다

이슬처럼

눈부신 아침 햇살에
찬란하게 빛나면서도
흔적 없이 사라지는 순간까지
연둣빛 세상을 투명하게 담으며
순수함을 잃지 않는 해맑은 이슬처럼
죽는 날까지 한 점 부끄럼 없이 살고 싶다

소망·1

나의 바람은
믿음 안에서
평안한 일상입니다

노벨상도 아니고
부귀영화를 탐하지도 않고
권력과 재력은 더욱 아닙니다

좋은 친구와 안부를 전하고
이웃과 다정하게 인사하며
믿음으로 말씀으로 살면서
주변에 마음 아픈 사람 없으면 됩니다

텃밭에 채소가 잘 자라고
앞뜰의 강아지도 건강하게 뛰어놀고
정원수에 둥지를 튼 새들도 안녕하면 됩니다

어쩌다 아름다운 기념일에
소중한 사람과 다정하게 여행을

떠날 수 있으면 더 바랄 것이 없습니다

봄에는 화사한 꽃길을 거닐고
여름에는 느티나무 그늘에 쉬고
가을에는 오솔길로 산책하며
겨울에는 눈사람을 만들면서
사계절 자연을 즐길 수만 있으면 됩니다

여생은 같은 믿음을 가진 사람들과
착하고 선한 생각을 하는 사람들과
감사하고 배려할 줄 아는 사람들과
어울려 소박하고 행복하게 살고 싶습니다

언젠가 때가 되면
아름다운 세상 소풍 와서
믿음으로 행복하게 살다가
노을이 평화롭게 물이 들면
성도들이 기다리는 그곳으로
즐거운 마음으로 돌아가고 싶습니다

안식으로 가는 길

정겨운
이름들이
하나 둘 사라진다

그리운
얼굴들이
멀어져 간다

의식이
연무煙霧의 계곡으로
끝없이 내려간다

하늘의
달과 별
태양마저 사라져가고

환희와 찬란한 은총의
새로운 믿음의 세계가
성령의 은혜로 열린다

소망·2

잔설 위로
흐르는 바람이
따뜻하게 느껴짐은

계곡 어디선가
눈 녹은 맑디맑은
개울물 소리 들리고

앙상한 가지의
여린 핏줄로 오르는
생명의 숨소리 들리며

황량한 들녘
메마른 덤불 틈새로
새싹이 고개를 드는데

이제 곧
새싹이 피어나면
믿음의 꽃도 피겠지

믿음으로 만나리라

작은 지구별에서
인연이 닿지 않는데
무한의 천공으로 사라지면
우린 언제 어디서 어떻게 만나리

순간의 만남으로
삶이 끝나고 은하수 너머
영겁의 시공으로 사라지면
우린 언제 어디서 어떻게 만나리

지치고 힘들어도
믿음으로 순종하면
하나님이 예비하신 그곳에서
믿음으로 만나 영원복락 누리리라

3부

사랑

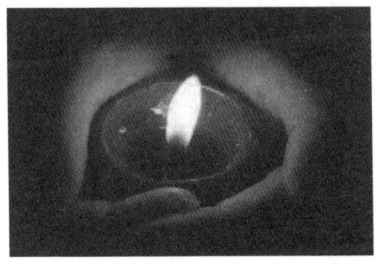

새벽기도

새벽 봄비에
새싹이 피어나듯

맑고 여린 가슴에
믿음이란 싹을 틔우네

두 손 모으고 기도하는 가슴에
한없는 성령의 은혜가 차오르며

기도하는 손끝에 성령이 맴돌면
순결한 영혼이 평안히 미소 짓고

찬송 소리 울리는 가슴에도
성령이 행복하게 미소 짓는다

새벽 봄비에 예배당이 맑아지고
새벽기도에 영혼이 성스럽게 정화된다

성찬식

예수님 육신
고귀한 떡
입안에 모셔놓고

기도로
내 몸과 하나 되어
육신을 소생시키시고

예수님 보혈
희생의 포도주
입안에 머금고

기도로
내 피를 정제하고
영혼을 맑게 하네

난 너에게

난 너에게
잡고 오르는 줄이
되어줄 수는 없어도

난 너에게
밟고 오르는
계단은 되어줄 수 있어

오르고
또 오르다
천국에 이를 때까지

천국의 은혜

먼저 부르심을 받으신
저리도록 그리운 성도님
은혜로우신 권사님 장로님

목마른 갈망의 애절한 그리움이
성령의 은혜로 믿음으로 승화되어
시련 고통 이별 없는 아름다운 천국에서
다 함께 해처럼 밝게 살면서 주 찬양하리라

고백

하나님 영원불변 진리의 말씀
목사님 믿음 소망 사랑의 말씀

새벽기도 말씀은 이슬처럼
수요예배 말씀은 새싹처럼
주일예배 말씀은 알곡처럼
차곡차곡 내 영적 곡간에
성령의 은혜로 영글어

내 영혼 구석구석
한 조각 한 방울씩
살과 피로 채우는데

세월이 갈수록
빈 가슴만 커지네

용서

험한 세상
지치고 지친

상처 입은 탕아
두 손 꼭 감싸 잡고

하염없이 바라보는
아버지의 뜨거운 눈물

은혜

살면서 수많은
험한 강을 건너고
고난과 시련이 있어도

그것이 하나님의
시험이었다는 것을
깨달은 것이 가장 큰 은혜다

용서의 은혜

상처로 얼룩진 영혼
아픔과 흑암의 세월

용서하지 못한 통한
은혜받지 못한 영혼

소나기 같은 성령으로
은혜로운 용서의 은총

닫힌 가슴 활짝 열어
맑은 영혼 미소 짓네

하나님 용서의 은혜로
영혼의 안식을 얻는다

못 박는 소리

쾅!
쾅!

살이 찢어지고
뼈가 으스러져
선혈이 철철 흐르는

그 고통
그 아픔 어찌 알리요

"아버지 저들을 용서하소서
저들은 자신이 무슨 일을 하는지
모릅니다"라며 용서를 구하는 기도

우리 죄를 사하기 위하여 희생하신
그 고통 그 아픔 우리가 어찌 알리요

회개하는 내 가슴에
속죄의 피가 솟구치며

내 심장에 못 박는 소리
천둥소리처럼 들려온다

쾅!
쾅!

하나님!
이 죄인을 용서하여 주시옵소서!

새벽 강

안개 젖은
새벽 강

강물이 흘러가는지
세월이 흘러가는지

새벽 강은 꿈결처럼
내 가슴으로 흐르고

바람결에 솜털처럼
물안개 피어오르면

물안개에 젖은 추억의
십자가 나를 부르는데

휘어진 첨탑 십자가
강물에 흘러가듯이

성령으로 젖은 삶이
새벽 강으로 흐르네

하나님은

태양이 뜨거운 줄 아시고
푸르른 숲 맑은 시냇물을 주시고

외롭고 고달플 때가 있는 줄 아시고
달과 별 은하수를 만들어 주시고

노도와 풍랑이 있을 줄 아시고
평온한 포구를 예비하여 주시고

삶에 새로운 변화를 주시려고
봄 여름 가을 겨울을 주시고

유혹에 흔들릴 줄 아시고
회개와 죄 사함을 주시고

고통과 시련이 있을 줄 아시고
믿음 소망 사랑을 주시고

사망의 고통을 아시고
구원의 부활을 주셨느니라

성탄의 밤

어두운 밤
찬란한 별들이
낙엽송 위로 내리고

별이 사라진
캄캄한 하늘에
함박눈이 내리면

멀리서
은방울 소리 울리며
캐럴이 들려오면서

숨 가쁜 꽃사슴
인자하신 산타할아버지
착한 어린이 예쁜 선물로

온 세상이
은혜와 사랑
성령으로 충만한 밤

4부
봄비와 새벽기도

봄비와 새벽기도

 집으로 찾아오는 손님 접대와 발간 준비 중인 에세이집 교정과 그래픽 작업, 그리고 다양한 초청에 응하느라 바쁜 일과에도 무리하게 저녁 무렵 텃밭에 이랑을 만들었다. 작은 텃밭이라 기계가 아닌 사람이 당기고 밀면서 이랑을 만들어야 하는데, 혼자서 생활하다 보니 당겨 줄 사람이 없어 먼지가 일어나는 메마른 땅에 거름을 뿌리며 힘겹게 이랑을 만들었다. 그리고 보람되고 힘들었던 하루를 정리하고 일찍 잠자리에 들었다.

 새벽 봄비 소리에 깨어났다. 어제 힘들게 만들었던 이랑이 제일 먼저 떠오른다. 깊숙이 봄비가 스며들 것만 같아 이랑이 얼마나 좋아할까 하고 생각을 하니 어제 힘들어도 이랑을 만들었던 것이 다행이라는 생각에 마음이 편안하고 행복해진다.

 우산을 들고 새벽기도 가는 길에 언약의 숲을 지나면서 쳐다보니 큰 고목의 줄기와 가지마다 봄비에 흠뻑 젖어 금방 가지에 잎이 돋아날 것만 같다. 그리고 숲속에 있는 내 유년 시절 추억의 보고인 연리지 앞에 잠시 멈춰 서서 지나간 인연들을 생각하며 행복한 에너지를 마음에 가득 담는다.

이 기쁘고 행복한 마음으로 간절히 기도드린다. 먼저 지구촌 곳곳에 일어나고 있는 전쟁을 이제는 멈춰주시기를…, 그리고 모든 믿음의 형제자매에게 봄비가 대지를 적시듯이 성령의 은혜를 흠뻑 내려주시기를…, 아울러 다른 믿음을 가졌거나 믿음이 없더라도 선하고 착한 모든 분에게도 은혜를 베풀어 주시기를…, 그리고 흔들리는 우리나라를 다시 일으켜 세워 주시고 지켜주시기를…

이윽고 기도를 마치고 평안한 마음으로 행복한 일들만 떠올리며 돌아오면서 이 마음을 누구와 함께 공유할까 하는 행복한 생각을 하니 빨리 아침이 왔으면 좋겠다는 생각마저 든다.

그런데 갑자기 매년 봄비가 오면 새싹이 돋아나듯이 우리 마음에도 봄비가 내리면 나쁜 마음이 사라지고 착하고 선한 마음이 매년 새싹처럼 피어나면 얼마나 좋을까 하는 생각이 든다. 더구나 계절마다 새로운 마음으로 살 수 있다면 얼마나 좋을까? 나 혼자만이라도 좋지 않은 것은 모두 잊고, 항상 새싹처럼 매년 새로운 마음으로, 아니 계절마다 새로운 마음으로 살아가야겠다고 생각하니 세상이 한없이 밝아오고 봄비가 성수처럼 느껴져 우산을 접고 봄비에 흠뻑 젖어본다.

비를 맞으며 집으로 들어오니 함께 살아가는 강아지 세 마리, '대장'과 '멋쟁이', 그리고 '귀염이'가 비를 맞으며 꼬리가 떨어질 듯이 흔들면서 반가워한다. 몇 시간 다녀왔는데도 그렇게 반가운가 보다. '세상에 누가 나를 이렇게 반겨 줄까?' 하며 잠시 같이 비를 맞으며 쓰다듬어 주면서 함께 시간을 보내고 들어왔다. 그리고 곧바로 전화한다.

   세상에서 가장 사랑하는 아들이 밤새워 일하고 새벽에 일을 마친다. 그래서 매일 이 시간에 통화하고 안부를 묻는다. 삼성이나 현대, LG나 SK 같은 대기업이나 모든 젊은이가 선망한다는 공무원은 아니지만, 아들이 좋아하고 성실하게 생활하는 것만 해도 우리는 만족하며 더 바랄 것이 없다. 스스로 분수를 알고 작은 것에 만족하며 살아가지만, 세상 모든 것을 다 주어도 바꾸고 싶지 않은 행복, 이보다 더한 행복은 없을 것 같다.

   봄비 맞으며 기쁘고 즐거운 마음으로 시작하는 오늘 하루는 무엇을 해도 행복할 것만 같다. 그래서 마음속으로 다시 한번 봄비처럼 속삭인다.

   '하나님! 감사합니다.'라고…

믿음의 씨앗

 예배당의 십자가와 소방서의 망루가 가장 높은 건물이었고, 기와집과 작은 초가집들이 면 소재지를 형성하였던 작은 지방에서 나는 면 소재지에서도 멀리 떨어져 사방이 산과 숲으로 형성된, 작지만 아름다운 마을에 살면서 1950년대와 60년대에 어린 시절을 보냈다. 그리고 그 당시는 얼마 되지 않는 기독교인들을 마을 사람들은 '예수쟁이'라고 불렀던 시절이다. 그 시절 나는 부모님을 따라 모태신앙으로 어릴 때부터 교회에 다녔다. 어린 시절, 지금 우리나라에서 구호품으로 아프리카 등 후진국으로 보내는 것과 같은 외국에서 보내온 옷가지, 문구, 장난감 등 구호품을 받아서 마냥 즐거워했었던 추억과 누가 어디에서 보냈는지도 모르고 다만 외국에서 보내온 것이라는 것만 알고 있는 크리스마스 카드를 받아서 읽을 수도 없고 내용도 모르지만 단지 신기한 모양과 고운 색깔들 때문에 즐거워했었던 추억들이 아직도 희미하지만 정겹게 떠오르곤 한다. 그리고 그때 그 시절 수많은 추억 중에서 영원히 잊을 수 없는 소중한 추억이 있다. 생각만 해도 언제나 내 영혼을 맑고 투명하게 하는 성탄절 새벽에 새벽송 다녔던 추억이다.

60년대만 해도 겨울이 몹시 추웠던 것으로 기억된다. 그리고 매년 눈이 많이 오고 한번 내린 눈은 녹지 않고 이른 봄까지 잔설로 오랫동안 남아있었다. 그러니 성탄절이 되면 눈이 내려 산야가 하얗게 덮이든지, 길옆 응달진 곳이나 계곡과 고목 등걸에는 항상 흰 눈이 쌓여있었다.

우리는 예수님이 태어나신 베들레헴의 거룩한 밤처럼 성스러운 은혜를 받으며 가로등도 없는 마을과 마을 사이 논밭으로 펼쳐진 들길을 지나 산기슭의 오솔길과 마을의 고샅길로 걸어서 다녔다. 더구나 수백 년 된 회화나무와 느티나무들이 공룡처럼 서 있는 우리 마을 숲속을 지날 때는 유난히도 추웠지만 알 수 없는 영험한 기운을 느끼기도 했었다. 그리고 계속해서 새벽 찬바람을 맞으며 손을 호호 불고 비비며 솜 누비옷을 겹겹이 입고, 대나무 뼈대에 창호지를 붙여 만든 법당의 범종 같은 등燈을 들고 형들과 누나들이 앞에서 길을 밝히면서 성도들 집마다 다니며 새벽송을 부르면 믿음의 가정에서 현금과 쌀, 보리쌀, 과자 등등 헌금 및 헌물로 답례를 한다. 그러면 그것을 받아서 자루에 넣어 산타할아버지처럼 형들이 둘러메고 앞서가면 우리는 그 형들을 총총걸음으로 졸졸 따라다녔다. 그때 그 시절 성스러웠던 그 새벽이 나의 영혼에 각인 되어 내가 살아오면서 지치고 힘들어 넘어질 때마다 나를 다시 일으켜 세워 주었다. 어쩌면 하나님께서 그때 어린 저에게 성령의 은혜를 주신 것만 같다. 그것이 내 믿음의 씨앗이 되어 혼란스러웠던 불혹不惑과 좌절했었던 입지立志를 지나서 이순耳順과 고희古稀가 되어도 아직도 열매를 맺지는 못했지만, 그 씨앗이 언젠가 믿음의 열매를 맺을 날이 올 것이라고 나는 굳게 믿으며 살아가고 있다. 그래서 지금도 유화의 밑그림처럼 내 영혼의 밑그림으로 각인되어 세파에 흔들릴 때마다 나를 바로 세워 주고 있다.

그래서 그 추억 속에서 어린 시절 친구들이 웃으며 다가와 나의 손을 따듯하게 잡아주기도 하고, 다시 믿음으로 인도해주기도 한다. 지금까지도 내가 현실의 벽에 부딪혀 힘들고, 외롭고, 지치고, 좌절할 때마다 기적처럼 이러한 밑그림이 나를 다시 일으켜 세워 주는 힘이 되고 있다. 그리고 그때마다 하나님의 크신 성령의 은혜에 대한 감사함에 가슴속으로부터 뜨거운 눈물이 소리 없이 흐른다.

나는 언제부터인가 어린 시절 예배당으로 가는 순수한 마음으로 돌아가고 싶어지며 그때가 그리워진다. 그 시절 신실한 믿음의 추억과 잔잔한 그리움에서 내 인생이 한 번도 벗어나 보지 못했다. 내가 삶에 지쳐 힘들어하거나 좌절할 때도 그때 그 믿음이 항상 나를 지켜주었고, 다시 일으켜 세워 주었다. 아마도 그때 그 믿음이 그만큼 순수하고 신실한 믿음이었기에 지금 내 믿음의 뿌리가 된 것만 같다.

이제는 세상 욕망에 여생을 더는 오염시키지 말고 믿음의 씨앗을 가꾸는 데 최선을 다하며 아름다운 믿음의 삶으로 성스러운 은혜의 열매를 영글게 하며 살아가고 싶다.

크리스마스트리의 단상

크리스마스가 다가오면 어린 시절 고사리 같은 손을 호호 불면서 새벽송을 다녔던 베들레헴의 성스러운 새벽 같았던 소중한 추억은 영원히 내 영혼에 각인되어 아무리 세월이 흘러도 잊을 수 없다.

그리고 또 다른 추억은 어머님이 연로하시어 거동이 불편하실 때 거실에 항상 크리스마스트리를 만들어 드렸다. 옛날에는 크리스마스트리를 교회와 거리에서만 볼 수 있었지만, 이제는 교회에 다니는 대부분의 성도가 집에서 크리스마스트리를 만든다. 더구나 옛날에는 소나무 가지에 솜을 붙이고 은박지로 별을 만들어 가지에 달아매는 등 단순했었는데, 요즈음은 트리의 장식품도 다양하여 너무 예쁘고, 너무 아름답고, 너무 신기하다. 그래서 어머님이 살아 계실 때는 크리스마스트리의 꼬마전구가 크리스마스캐럴의 리듬에 맞추어 빤짝이면 어머님이 너무 신기하여 가까이서 계속 꼬마전구를 쳐다보기도 하시고, 계속해서 이것저것 만져보기도 하셨다. 그래서 우리 집에는 다른 집보다 크리스마스트리를 먼저 만들어 거실에 두었다. 어머님이 너무 신기하게 쳐다보시며 좋아하시기 때문이었다.

이제 그렇게 크리스마스트리를 좋아하시던 어머님도 가

시고, 나 혼자서 크리스마스를 보낸다. 그래도 어머님이 보시려고 산소에서 내려오실까 봐 일찍 만들어 바깥의 현관 앞에 세워 두었다. 바깥이라 크리스마스트리에 불은 켜지 않았지만 예쁘게 만들어 세워 두었다.

그런데 어머님이 이렇게 추우신데 굽은 허리로 산소에서 집까지 내려오시겠나 하는 걱정도 되지만, 신실한 믿음의 생활을 하시다가 가셨으니 영혼은 자유롭게 다니시리라 믿는다. 그래서 다시 어머님을 위하여 기도드린다.

'어머님!
매년 크리스마스트리를 예쁘게 만들어 현관 앞에 세워 드릴 테니 잊지 마시고 아버님과 매형들과 누님들과 다 함께 보시려 내려오세요.'라고…

가신지가 십여 년이 지났건만 부모님은 아직도 항상 내 곁에 계신다.

산소에 다녀오며·1

 부모님 산소에 가는데 단풍 비가 떨어진다. 떨어지는 단풍잎 사이로 어린 늦둥이 아들과 손잡고 걷기도 하고, 등에 업기도, 가슴에 안기도 하면서 다녔던 모습이 클로즈업된다. 늦둥이 아들과 일주일에 한 번씩 주말에 다녔던 길이다.

 봄에는 여린 새싹과 길섶에 피어난 야생화를 보며 다녔고, 여름에는 우거진 신록의 터널 속으로 시원스러운 매미 소리를 들으며 다녔고, 가을에는 단풍잎이 쌓인 오솔길을 사색하며 다녔고, 겨울에는 하얀 눈길에 발자국을 남기며 다녔는데 이제는 동화 이야기처럼 아득히 먼 추억이 되어 버렸다.

 늦둥이는 이제 멀리서 직장에 다니고, 그때 함께 다니고 싶어 하셨던 어머님은 이제 아버님 산소 옆에 함께 누워 계신다. 세월은 이렇게 갈바람처럼 소리 없이 흘러가는가 보다.

 갑자기 그리운 사람들과 정겨운 마음으로 건강하게 천수를 누리며 행복하게 살다가 예쁜 단풍잎처럼 곱게 마무리를 했으면 참 좋겠다는 생각이 든다. 그리고 그때까지 서로 화목하고 행복하게 살다가 내세에 우리 모두 다시 만나면 참 좋겠다는 생각도 해본다.

  부모님이 떠나시고 자식마저 곁을 떠나고, 이제는 혼자서 오솔길을 따라 부모님 산소에 부모님 만나러 가는데 즐겁기보다는 왠지 쓸쓸하다.

  가을이라 그런지 곱고 말간 단풍을 보니 그리운 사람들이 눈물겹도록 보고 싶어진다. 보고 싶고 그리운 사람들은 왜 모두 멀리 있는지, 아니면 멀리 있어서 보고 싶고 그리운지, 자꾸만 눈시울이 젖어온다.

  이 길은 언젠가 내가 갈 길이고, 먼 훗날 내 아들이 나를 찾아오는 길인데 내 영혼에 새겨 두어야지, 아들이 오지 않으면 내가 아들을 보려고 와야 하니까.

  산소에서 내려가면 곧바로 가방을 챙겨야겠다. 그리운 사람도 보고 싶은 사람도 없는 텅 빈 집에 혼자 있는 것보다, 아무도 모르는 곳으로 여행을 떠나고 싶기 때문이다.

  아무리 그리움이 간절해도 어차피 인생은 누구나 혼자서 가는 길이 아닌가.

산소에 다녀오며·2

주말이면 부모님 산소에 인사드리러 간다. 왕복 1시간, 가까운 등산길이라 가벼운 마음으로 다닌다. 좁은 땅덩어리에 정부의 방침에 역행하는지 모르지만, 부모님 산소를 기독교식으로 아담하게 만들어 놓은 것이 참 다행이라는 생각이 든다.

나는 부모님 산소에 인사드리러 갈 때는 항상 살아 계신다는 마음으로 찾아뵙는다. 산소 주변에는 많은 야생화와 그 야생화와 어우러져 향기는 없지만 변하지 않는 색으로 아름답게 장식된 조화가 화사한 봄볕을 받으며 천국 같은 분위기를 느끼게 한다.

이곳에 있으면 아무런 걱정도 없고, 정치도 생각나지 않는다. 특별한 이변이 없으면 나도 언젠가는 이곳에 누워 잠들 것이다. 그러니 내 영혼의 쉼터이며 부모님과 대화할 수 있는 나만의 천국이다.

여기서는 삶과 죽음이 공존한다. 나는 이곳에 오면 산소에서 부모님이 나오셔서 함께 앉아 계시는 것만 같다. 그래서 나도 현실 세계가 아니라 부모님과 함께 천국에 있는 것 같은 마음으로 대화를 하고, 기도하고, 찬송하며 예배를 드린다. 부모님과 생시에 함께 예배드릴 때와 조금도 다르다는 느낌이 들지 않는다.

이윽고 집으로 돌아오면 현실 세계로 돌아온 느낌이 든다. 그러니 부모님 산소에 다녀오는 것이 아니라 천국에 다녀온 것 같은 마음이다. 그러니 내가 세상을 떠난다 해도 사라지는 것이 아니라 항상 부모님과 함께 예배드리는 곳으로 가는 것이라는 생각이 든다.

그래서 나는 나의 이생과 부모님의 내세에 공존한다는 생각을 하면서 산소에 다니며 살아가고 있다.

아들을 위한 기도

하나님!

저의 아들이 살아가면서 정의와 진실이 항상 승리하지 않는다는 것을 알았을 때도 실망하지 않고 자신의 신념이 흔들리지 않도록 지혜를 주시고,

누구를 의지하지 말고 자신의 인생을 스스로 개척하더라도 이기적인 사람보다 감사하는 마음을 잃지 않는 아들이 되도록 인도하여 주시고,

역경의 현실도 슬기롭게 극복하며 세상의 풍랑을 헤쳐 나가더라도 감사와 은혜를 잊지 않는 아들이 되게 하여 주시고,

세상을 혼자 살아간다는 것을 깨달아도 가족과 친구, 스승과 선후배, 사회구성원들과의 인연을 소중하게 생각하는 아들이 되도록 인도하여 주시고,

진정으로 사랑하는 인생의 동반자를 만나면 세월이 흐른 후에도 후회하지 않도록 아름다운 인연으로 가꾸면서 사랑하면서도 헤어질 수밖에 없더라도 소중한 추억을 남기는 슬기로운 아들이 되게 하여 주시고,

남을 의식하며 출세하려는 욕망보다도 성공한 삶으로 진정으로 행복한 인생을 살아가는 아들이 되도록 인도하

여 주시고,

  힘들고 외로워도 흔들리거나 좌절하지 말고 주어진 조건에서 최선을 다하며 항상 하나님이 함께하심을 믿고 언제나 하나님께 구하며 하나님의 은혜를 잊지 않는 믿음의 아들이 되게 하여 주시옵소서…

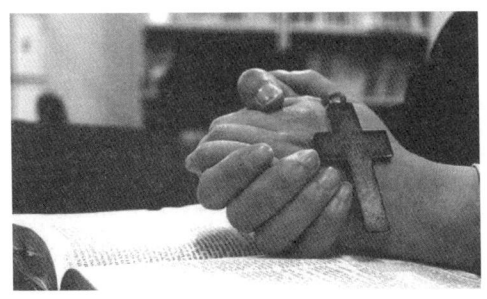

이별과 기원

4~5년 전부터 우리 집 현관 앞 정원수에 참새와 비슷한 크기의 작은 새가 봄이면 둥지를 틀고 알을 낳아 부화하고 그때부터 어미 새는 분주히 먹이를 나르면서 새끼를 기른다. 그러다 6월이 되면 새끼와 함께 둥지를 떠난다. 새들은 한번 떠난 집은 다시 찾아오지 않는다. 예쁘게 생긴 모습이 궁금하여 인터넷에 텃새를 검색하니 곤줄박이가 아니면 딱새 같은데 확실히는 모르겠다.

올해도 지난해 지은 집이 그대로 있는데, 봄에 새로운 집을 짓기 시작하더니 알을 낳아서 부화하였다.

이 새는 새끼를 낳고 기를 때 외는 혼자서 생활하는 것 같다. 일 년 내내 우리 집 주변에서 한 마리가 가끔 날아다니는 것이 보인다. 구분하기가 힘들어 같은 새인지 다른 새인지는 몰라도 항상 혼자서 잠시 앉았다가 떠나곤 한다. 느긋하게 한 자리에 머물지 못하고 고개와 꼬리를 까딱이며 두 발로 총총 걸으면서 바쁘게 뛰어다닌다. 사람에 대한 경계가 심한데 나는 예외인 것 같다. 하기야 같은 나무가 두 그루인데 멀리 있는 나무를 두고 내가 매일 출입하는 현관 바로 앞의 나무에 둥지를 틀었으니 나를 경계했었다면 이 나무에 둥지를 짓지 않았을 것이다.

오늘 아침 여섯 마리의 새끼가 둥지를 떠났다. 어미 두 마리가 계속 재잘대며 앞에서 인도하고, 새끼 여섯 마리가 아직 어미처럼 깃털이 선명하지는 않아도 노란 부리로 쨱쨱 소리를 지르며 무질서하게 흩어지는 것 같은데 결국은 어미가 오라는 곳으로 여섯 마리 모두 따라가는 모습이 참 신기하기도 하고, 귀엽지만 항상 불안하다. 나는 그저 바라만 보며 어미처럼 혼자서 먹이를 찾아 먹으며 자립할 때까지 무사하길 바랄 뿐이다.

예쁜 깃털을 가졌지만 내 주변에서 생활하여 큰 관심이 없었기 때문에 몇 년 동안 보금자리를 만들어 부화하는 것을 보았어도 둥지를 떠나는 것을 직접 보기는 오늘이 처음이다.

이 가족 중에서 두 마리는 우리 집 주변을 자신의 영역으로 하여 지내다가 내년 봄이면 다시 둥지를 틀 것이다. 나머지는 영영 이곳에 다시 오지 않는다. 나와도 영원히 다시 만나지 못한다.

조용히 생각해보니 내가 이 새들의 가족을 돌보듯이 바라보는 것처럼 우리도 하나님이 어린양들을 돌보듯이 바라보고 계시지는 않을까 하는 생각이 든다. 그래서 나와 모든 성도가 하나님에게 은혜받기를 바라는 마음으로 어미와 새끼 여섯 마리가 하나님의 은혜로 천수를 다할 때까지 불행을 겪지 않고 건강하고 행복하게 살아가기를 기원해 본다.

잠시 후 새들의 가족이 벌써 내 시야에서 사라졌다. 그리고 몇 시간이 지난 후 오후가 되니 갑자기 새들이 어느 숲으로 어디쯤 가고 있는지 궁금해진다.

그런데 자꾸만 멀리 있는 아들이 떠오른다. 내 아들은 언제쯤 어미 새처럼 혼자서 자립할 수 있을까? 새들이 날아간 뒷산 숲보다 아들이 사는 세상의 숲이 더 험악한데 자꾸만 걱정이 앞선다. 그래서 또 고개 숙여 간절히 기도드린다.

아들과 새들의 가정을 위하여, 그리고 역경을 극복하느라 노력하는 세상 모든 생명체와 이 시대의 모든 젊은이를 위하여…

영혼의 안경과 손수건

 사람은 누구든지 눈에 보이지 않는 영적인 안경과 손수건을 간직하고 있는 것 같다. 그리고 그것을 스스로 소중하게 생각하며 생활에 어떻게 현명하고 지혜롭게 활용하느냐에 따라서 삶이 달라질 수도 있다고 생각한다.

 먼저 안경은 자신의 안경에 붉은색을 칠하면 세상이 붉게 보이고 푸른색을 칠하면 세상이 푸르게 보인다. 이처럼 자신의 안경 색깔에 따라 세상이 붉거나 푸르게 보인다. 따라서 마음속에 있는 영적인 안경도 긍정적이면 세상이 긍정적으로 보이고 부정적이면 세상이 부정적으로 보인다. 즉, 세상이 붉고 푸르고 긍정적이고 부정적인 것이 아니라 세상은 변함없는데 각자의 안경에 따라 서로 세상을 다르게 본다는 것이다. 그렇다면 당신의 안경은 과연 어떤 안경일까? 지금까지 당신이 쓰고 있었던 안경이 어떤 안경이었더라도 앞으로 당신은 믿음을 가지고 긍정적인 안경을 쓰고 세상을 긍정적으로 보면서 삶을 살아간다면 세상을 더 평화롭고 더 행복하게 살 수 있을 것이다. 그러니 자신의 안경이 항상 긍정적인 안경으로 보일 수 있도록 마음을 수양하는 것이 중요하다고 생각된다.

 또한, 누구든지 눈에 보이지 않는 영적인 손수건을 가지고 있으나 대부분 사람이 제대로 사용하지 못하고 있는 것 같다. 세상을 살다 보면 자신도 모르게 이웃이나 친구 등 자신과 관련된 사람들의 허물을 볼 때가 있다. 이런 경우 어리석은 사람들은 그것을 알게 모르게 퍼뜨려 그 사람을 곤경에 빠뜨리거나 좌절하게 할 수 있다. 그러나 지혜롭고 현명한 사람들은 영적인 사랑의 손수건으로 이웃의 허물을 덮어 준다. 그리고 아름답고 소중한 추억은 예쁘게 감싸서 오래오래 간직하는 슬기로운 마음으로 행복한 삶을 살아가고 있다.

다시 말하면 사람에게는 일상에 필요한 안경과 손수건이 있고 보이지 않지만, 영적인 안경과 손수건이 있다. 그래서 안경 하나는 눈이 나빠질 때 쓰고 하나는 세상을 긍정적으로 보는 데 사용하고, 손수건 하나는 땀을 닦거나 손을 닦을 때 쓰고 하나는 남의 허물을 덮거나 아름다운 추억을 곱게 싸서 오래오래 간직하는 데 쓴다면 더 바랄 것이 없을 것이다. 따라서 사람은 세상을 긍정적으로 보는 안경을 쓰고 남의 허물을 덮어 주고 아름다운 추억을 소중하게 감싸는 사랑의 손수건으로 항상 믿음과 감사하는 마음으로 살아간다면 더 보람되고 더 행복하고 더 아름다운 삶을 살 수 있을 것이다.

은행잎을 모으며

 늦은 가을날 미국에 있는 여류시인으로부터 한영시집을 발표도 하기 전에 나에게 제일 먼저 보낸다는 사연과 크리스마스 카드와 정성이 담긴 선물을 함께 보내왔다. 나는 감사한 마음으로 한국의 고운 단풍을 정성껏 모아서 보내려고 마음속으로 생각을 하고 있었다. 그래서 평소 매일 아침저녁으로 늦둥이 아들을 등하교시키면서 읍사무소 앞뜰에 있는 은행나무가 너무도 곱게 단풍이 물든 것을 눈여겨보았기 때문에 저 은행나무의 잎 중에서 예쁘고 아름다운 잎 백 장을 모아서 보내기로 하고 소설小雪인 가을의 끝자락에 그곳으로 갔다.

 멀리서 바라볼 때는 모든 잎이 샛노랗게 같은 모양, 같은 색깔, 같은 크기로 보였는데 가까이서 보니 아직 나뭇가지에 붙어 있거나 이미 떨어져 함박눈처럼 소복이 쌓여 있는 그 많은 은행잎의 모양과 색상과 크기가 모두 다를 뿐만 아니라 얼룩지고 찢어진 잎이 많아 흠 없이 완벽한 잎을 찾기가 쉽지 않았다.

 앙증스럽게 피어나던 봄날의 여린 새싹이 세찬 비바람과 지루한 장마, 작열하는 태양과 천지를 뒤흔드는 태풍을 견디며 더러는 옆에 있었던 친구를 먼저 보냈던 아픈 상처를 인내하며 가을이 되어 곱게 물들 때까지 작지만 그 작은 한 잎 한 잎마다 간직하고 있을 고통스럽고 아름다웠던 소중한 추억이 없을 리 없건만 어떻게 흠 없이 같은 모양, 같은 색깔, 같은 크기만 있을 수 있겠느냐는 생각이 들었다. 더구나 계절 앞에서는 모든 잎이 한 잎도 예외 없이 자기를 길러준 나무와 다시 피어날 새로운 잎을 위해 자신을 희생하면서 운명의 마지막 길을 함께 간다. 그것도 추하지 않고 아름다운 모습으로…

은행잎을 모으다가 갑자기 '원죄를 가지고 태어난 인간이 하나님 앞에서 하나님이 보시기에 과연 흠 없이 완벽한 사람이 얼마나 있을까?' 하는 생각이 든다. 하나님이 보시기에는 완벽한 인간이 없을 것 같은데 그래도 하나님은 흠 집투성이인 우리를 용서하시고 구원하여 주신다. 만약 내가 은행잎이라면 흠이 얼마나 많을까? 그리고 흠 있다고 구원을 받을 수 없다면 나는 희망이 없을 것이라는 생각이 들었다. 그래서 나는 흠 있는 잎들도 함께 주우며 정성껏 모았다. 내가 구원받고 싶은 심정으로…

이미 떨어져 소복이 쌓여있는 잎들을 뒤적이면서 조심스럽게 모으고 있는데 갑자기 바람을 타고 가지에 붙어 있던 얼마 남지 않는 잎들이 내 앞으로 떨어지는 것을 보니까 가지에 붙어 있는 잎들도 구원받고 싶었을지도 모른다는 생각이 들었다. 그리고 바람과 역경을 이겨내며 소설小雪까지 가지에 붙어 있는 잎들이 기특하기도 하여 손이 자라는 가지에 붙어 있는 잎들도 함께 따는데 어느 가지에 하나만 남은 여린 잎이 너무 외로워 보여서 함께 갈 수 있도록 배려하여 주었다. 그때 까마득히 높은 곳에서 바람을 타고 텅 빈 하늘을 한 바퀴 돌아 떨어지는 잎의 마지막 절규가 애처로워 망설임 없이 그 가냘프고 연약한 잎도 함께 마음에 담았다.

백 개의 잎을 다 모으고 일어나 돌아서는데 뒤에서 자꾸만 부르는 소리가 들리는 것 같아서 돌아보니 아주 조그마하고 찢어져 탈색되어 볼품없이 상처 난 은행잎이 지금까지 어디에 붙어 있었는지 가냘프게 허공에서 세찬 바람에 휘둘리다가 내려와 소복이 쌓인 잎들 위에 떨어진다. 너무 안쓰러워 차마 함께 갈 수 없어 마음속으로 '넌 형제들과 어울려 함께 잠들어 대지로 돌아갔다가 봄이 오면 다시 태어나서 올해에 누리지 못한 행복한 삶을 누리고 다음 해에는 믿음으로 순수하고 곱게 물들어 있으면 그때 내가 다시 너를 찾아오리라. 하나님은 약속을 꼭 지키심을 의심하지 말고 믿으라. 그러면 그 믿음으로 내년에는 너도 구원을 받으리라.'라고 하며 다짐하고 그냥 그 자리에 두었다.

이러한 사색을 하며 백 장의 은행잎을 다 줍고 일어나니 세상이 다시 보이고 은행나무가 새롭게 보였다. 은행나무가 하나의 우주로 보이고 내가 모든 삶을 깨닫고 다시 태어난 것 같은 느낌이 들었다. 내가 평소에 이 은행나무의 곱게 물든 단풍잎을 보면서 아름다움에 이를 때까지 삶과 전지전능하신 하나님의 능력에 감사함을 깨닫지 못했음을 새삼 뉘우치면서…

지금쯤 가을의 사색이 사연이 된 은행잎들이 태평양을 건너 어느 여류시인에게로 가고 있을 것이다. 그 시인은 신실한 믿음의 삶으로 항상 감사한 마음으로 살아가고 있으니 은행잎을 보면 말하지 않아도 나와 같이 깨닫고 하나님의 은총과 성령의 은혜로 충만하리라 믿는다.

하나님의 시험(?)

 동짓날 차가운 바람이 부는 데도 옷을 겹겹이 입고 운동을 나갔다. 황량한 들녘에는 이미 어둠이 내리고 있었다. 더구나 추수가 끝난 논밭에는 볏짚만 흩어져 있어서 더욱 을씨년스럽게 느껴졌다. 오늘은 평소에 다니던 방향과 다른 방향으로 걸어갔다. 어느 정도 걸어가다가 이제 돌아가야겠다고 생각하는데 갑자기 길 가장자리에 무엇이 있는 것 같았다. 들고양이면 벌써 달아났을 텐데 하며 조심스럽게 다가가니 작은 강아지 한 마리가 우두커니 서 있었다. 곧 쓰러질 것만 같았다. 가만히 쓰다듬으니 나에게 다가오려고 한다. 나는 어떤 강아지도 좋아하여 많은 떠돌이 강아지를 집으로 데리고 와서 보살폈기 때문에 당연히 데리고 가려고 했었다. 그런데 갑자기 집에 보살피는 강아지가 네 마리나 된다는 생각이 나를 망설이게 하였다. 반면에 강아지를 이대로 두면 추위와 지나가는 차량에 치여 죽을 수도 있다는 생각을 하면서 한동안 바라만 보고 있었다. 강아지의 흰색 털이 오랫동안 걸식을 한 것처럼 많이 빠졌고, 지저분하였다.

 잠시 후 내가 일어서니 갑자기 조금 전 모습과 다르게 잽싸고 빠른 걸음으로 이동을 하기 시작하더니 이리저리

돌아다녔다. 그러다가 내가 움직이니 나를 따라온다. 그런데 잠시 따라오더니 더는 따라오지 않는다. 주변을 둘러보니 많은 볏짚과 비닐하우스 등 강아지가 혼자서 살아갈 수 있는 여건은 충분하여 보였다. 그리고 혹시 주변에 주인이 있을지도 모른다는 생각도 들었다. 그래서 그런지 더는 따라오지 않고 어둠 속에서 내가 보이지 않을 때까지 나를 바라보면서 움직이지 않는다.

집으로 돌아와서 잠자리에 들었는데 아직도 그 강아지가 나를 바라보고 서 있다. 원망하는 것 같기도 하고, 인사하는 것 같기도 하다. 그 넓은 들녘에 왜 나와 만났을까? 방황하고 있는 걸까? 아니면 나처럼 혼자만의 보금자리에서 안정된 생활을 하는 것일까? 이런저런 생각에 잠을 이룰 수가 없다.

이 한없는 우주에서 미물 같은 '나'라는 존재는 하나님이 보시기에는 어떤 의미가 있을까? 내가 만난 들녘의 떠돌이 강아지와 내가 무엇이 다를까? 강아지는 보금자리에 편히 잠들었을까? 아니 보금자리가 있기나 할까? 하나님이 저를 시험하기 위하여 보낸 천사는 아니었을까? 생각에 생각의 꼬리를 물고 나에게 다가온다.

하나님이 영원한 시공의 메마른 행성에서 나에게 보낸 구원의 메시지를 내가 어리석게 외면한 것은 아니었을까? 아무리 생각하고 생각을 해도 마지막에는 나의 망막에 하나의 영상만 남는다.

따라오다가 멈춰 서서 보이지 않을 때까지 바라보든 가엾고 지저분한 강아지가 천사가 되어 환희의 빛을 타고 하늘로 올라가는 영상이다.

 결국, 나는 하나님의 시험에 말씀대로 응하지 못하고 구원의 손길을 내주지 못했다는 죄책감에 다시 일어나 앉아서 속죄의 기도를 드린다.

 강아지를 위하여, 내 죄를 속죄하기 위하여, 하나님 성령의 은혜를 위하여, 죄인이 된 심정으로 스스로 불완전한 인간의 한계를 절실히 느끼며 간절히 기도드린다.

 '내일 새벽에 다시 그곳으로 가봐야지, 만약에 아직도 그곳에 있다면 망설이지 말고 데려와야지.'라고 다짐을 하면서…

신의 축복

 봄비가 내리고 오랜만에 파란 하늘이 미소 짓는 이른 아침, 거실 창문으로 바라보니 멀리 앞산의 노송이 손에 잡힐 듯 선명하게 보이며 연초록 투명한 어항에 세상이 담긴 것 같은 전형적인 계절의 여왕 오월의 날씨가 화창하다 못해 황홀하다. 우리 집 정원에도 눈부시게 쏟아지는 햇살 때문에 눈이 시리도록 화사하다. 그래서 조용히 현관문을 열고 바깥으로 나와 간신히 실눈을 뜨고 정원을 조심스럽게 바라본다.
 신비스럽고 황홀한 천국에 있는 것만 같다. 아직 물기가 남아있는 연푸른 감나무의 큰 이파리에 태양 빛이 반사되어 감나무 자체가 대형 샹들리에처럼 화려하게 빛나고, 대추나무의 작고 수많은 여린 이파리에 반사되는 빛은 신비스럽고 섬세한 샹들리에처럼 빛을 발하고 있다. 갓 돋아나는 잔디와 야생화의 작은 잎과 꽃잎은 해맑은 이슬을 머금고, 그 수정 같은 이슬에서 반사되는 햇살이 마치 은하수가 정원에 내려앉은 것처럼, 수많은 보석 가루를 뿌려놓은 것처럼, 동화 같은 아름다운 호수의 윤슬처럼, 작은 빛을 발하며 천국의 아침이란 이런 것이라고 보여주는 것만 같은데, 갑자기 하늘에서 천사가 날아와 사뿐히 내려앉아 미소 띠며 나에게 다가올 것만 같다.

오늘, 이 아침만으로도 내 인생의 모든 불행을 보상받을 수 있을 것만 같다는 황홀한 행복에 젖어 든다.

어디선가 벌 나비가 올 것만 같은데, 아직은 나 외는 움직이는 것은 아무것도 없는 무성영화의 한 장면처럼 내가 천지창조의 성화聖畵 속에 들어와 있는 것만 같은 순간이다. 성령이 충만한 평화로운 하늘에서 하나님께서 인자하시고 성스러운 모습으로 미소를 띠며 바라보고 계시는 것만 같다.

나는 숨소리는 물론 상상하는 것조차도 아주 조심스럽다. 어쩌면 꿈일지도 모르는, 영원히 다시 오지 않을지도 모르는, 이 순간이 사라질까 봐. 그래서 살며시 두 손 모으고, 불가능하고 욕심인 줄 알면서도 이 순간이 영원하길 바라는 마음으로 간절히 기도드린다.

'하나님! 가능하시다면 저가 이 순간에 영원히 머물 수 있게 하여 주시옵소서.'라고…

이렇게 찬란하고 황홀한 행복으로 출발하는 하루가 바로 '신의 축복'이 아닐까? 하는 생각이 든다.

나의 천국

유월이라지만 새벽과 이른 아침에는 뒷산 대나무와 낙엽송 사이로 내려오는 바람이 한기를 느낄 정도로 시원하고 상쾌하다. 새벽기도를 마치고 새벽에 계획된 글쓰기를 마무리하면 가벼운 마음으로 정원의 텃밭으로 나간다. 뒷산 숲에서 내려온 청정 공기로 가득한 정원은 내 몸과 마음을 투명하게 정화한다.

제일 먼저 훤칠하고 시원스럽게 자란 옥수수가 잘 훈련된 군인처럼 줄지어 서서 나의 사열을 받는다. 그 앞에 청양고추와 오이고추도 함께 줄을 맞추어 사열을 받는다. 나는 옥수수와 고추의 사열을 마치고, 아직 이슬이 맺혀있는 상추와 치커리, 쑥갓이 기다리는 이랑으로 간다. 그리고 상추의 싱싱하고 건강한 잎을 하나 뜯어본다. 새하얀 신선한 액체가 선명하게 흘러나온다. 기다렸다는 듯이 입으로 받아먹는다. 이렇게 신선하고 상큼한 젖을 매일 맛보는 사람은 세상에 나 외는 없을 것만 같다. 바로 옆에서 바라보는 곱슬머리 모양과 인디언 추장 머리에 달린 깃털 모양의 두 종류 치커리를 상추와 함께 먹을 만큼 뜯어서 사랑하는 사람의 옷을 곱게 접듯이 가지런히 접어두고, 다음에는 무리 지어 쑥쑥 자란 쑥갓을 뜯어서 향을 음미해본다. 그리고 적당량을 담는다. 다음 이랑에서는 올망졸망하고 귀엽고 앙증스럽게 매달린 빨간 방울토마토와 튼튼하고 늘씬한 짙푸른 오이와 매끄럽고 진한 Navy Color의 날씬한 가지를 마음에 드는 놈만 골라서 담고, 고추는 예쁘게 생긴 애들만 골라서 딴다. 그리고 잠시 허리를 펴고 일어서서 나의 건강한 텃밭을 뿌듯한 마음으로 천천히 둘러본다.

상추와 치커리 및 쑥갓, 오이와 가지, 방울토마토와 고추는 자신들이 나를 위하여 제 몫을 다 했다는 듯이 여유롭고 행복한 모습을 하고 있다. 반면에 옥수수는 늠름한 모습으로 조금만 더 기다리면 튼실한 옥수수를 나에게 드리겠다고 서약이나 할 듯이 자신 있게 줄지어 서서 나를 쳐다본다. 그 옆의 감자는 성숙하여 잎이 마르면서 이제는 자신의 역할을 다 했으니 언제든지 주인의 뜻을 따르겠다고 하며 수확을 기다리는 것만 같다. 그리고 양파는 잎과 줄기를 모두 쓰러뜨리고 나의 처분만 기다리듯이 굵은 씨알을 밖으로 드러내며 마음껏 자신을 뽐내고 있다.

마지막으로 먹어도 먹어도 다시 충성을 다하며 싱싱하게 자라나는 부추를 먹을 만큼 일정량을 담는다. 그리고 벚나무의 그늘에 수천 년의 세월을 누워있는 우리 집 정원의 명품, 선사시대의 고인돌에 앉는다. 그다음은 정해진 순서인 양 휴대전화에 저장된 복음성가를 튼다.

시원한 바람이 불어오는 단풍나무 그늘에 누워있는 선사시대 고인돌에 앉아서 복음성가를 들으며, 중얼중얼 흥겹게 따라 부르기도 하면서 부추를 다듬기 시작한다.

바로 곁에서는 나와 함께 살아가는 삶의 동반자 '대장', '멋쟁이', '귀염이' 세 마리 강아지가 서로 뒹굴며 놀다가 이제는 편안하게 내 곁에 누워서 천천히 여유롭게 꼬리를 흔들며 나를 쳐다본다. 나도 강아지에게 미소를 보내며 행복에 젖어 조용히 마음속으로 하나님께 감사기도를 드린다.

이러한 모습, 이러한 삶이 바로 천국이 아닐까 하는 생각이 든다. 나는 매일 아침 나의 천국에서 이렇게 하루를 시작한다. 이렇게 하나님의 은혜로 세상에서 가장 행복하게 살아가는데, 무엇을 더 바라겠느냐? 하루하루의 모든 일이 감사하고 행복할 뿐이다.

그래서 나는 하루도 잊지 않고 하나님께 감사기도 드리며 하늘 천국을 예비하면서 나의 천국에서 믿음의 삶을 살아가고 있다.

천국의 나들이

 서울에 계시는 (사)세계전통시인협회 한국본부 이사장이며 대선배님이신 하정 최순향 시조시인님께 책을 보내기 위해 우체국으로 가려고 집을 나섰다. 거리는 멀어도 차를 두고 버스도 타지 않고 걸어서 가기로 했지만, 3km 정도는 직업군인이었던 나에게 아무것도 아니었다. 더구나 오랜만에 운동도 할 겸, 이 높고 파란 가을 하늘 아래 끝없이 펼쳐진 황금 들녘을 걸어보고 싶기도 했었기 때문이다. 마을을 걸어 나오면서 이웃분들과 정겹게 인사를 나누고 들녘으로 접어들었다.

 파란 하늘 아래 끝없이 펼쳐진 황금 들녘에 나 혼자만 걸어가고 있었다. 나 자신이 자연 속에, 아니 자연과 하나 되어 가을의 아늑한 풍경화 속에 한 점으로 걸어가고 있는 것만 같다. 한동안 텅 빈 하늘에 흘러가는 구름을 바라보기도 하고, 뺨을 스치는 부드러운 갈바람을 느끼며 행복에 젖기도 하고, 어디론지 무리 지어 날아가는 새들을 바라보기도 하면서 고즈넉한 가을의 화폭 속으로 걸어가고 있었다.

 얼마 동안 걸었는데 뒤에서 평생 농사를 지으며 사는 후배가 반갑게 인사를 한다. 수십 년을 못 보았는데 어떻게 기억하고 저렇게 반갑게 인사를 할까? 나는 세계를 돌아다녔지만, 저 후배는 평생을 이곳에서 농사를 지었으니 세월의 개념도 없이 나를 만난 것을 일상처럼 생각했을 수도 있다는 생각이 들었다. 그런저런 생각을 하며 걸어가는데 먼 친척이 일하다가 어디로 이동 중인지 작업복을 입고 지나가면서 아주 반갑게 인사를 하여 나도 반갑게 답례를 했다.

그렇게 천국의 정원을 거닐듯이 평화롭게 걸어가고 있었는데 어느덧 황금 들녘의 반을 지났을 무렵 학창시절 교복을 만들던 양복점 사장의 부인이 자전거를 타고 텃밭으로 가면서 아주 반갑게 인사를 한다. 내가 지역에서 어른들의 경로여행과 봉사활동, 그리고 문화 활동 등 여러 일을 하고 있으니 모두가 좋아하며 반갑게 인사를 하는 것만 같다.

그림처럼 아름답고 아늑한 이 넓은 고향 들녘에서 천국인 양 행복하게 걸어갈 수 있는 것만 해도 축복인데, 추억에 머무는 세 분을 만나고, 또 세 분과 정겹고, 반갑게 인사를 나눌 수 있어서 더없이 행복한 나들이를 한다는 생각이 들었다.

갑자기 하나님이 저에게 무엇을 깨닫게 하시려고 세 분을 보내신 것은 아닐까 하는 생각이 들었다. 이 천국 같은 들녘이 바로 천국이고, 선한 일을 하고 천국에 오면 저렇게 순수하고 반가운 사람들과 함께 영원히 살 수 있다는 것을 알려 주시는 것은 아닐까 하는 생각이 들었다. 죄를 짓고 나쁜 관계를 만들면 저렇게 행복하고 반가운 인사를 받지 못하니 성경의 말씀대로 믿음을 가지고 선하게 살다가 오라고 가르쳐 주시는 것만 같았다. 그래서 나는 한없는 행복을 느끼며 이렇게 축복받는 자연의 풍광을 만끽하는 것만 해도 축복인데, 하나님께서 새로운 깨달음까지 주시니 더 바랄 것이 없다는 생각이 들었다.

나는 지금 파란 하늘 아래 황금 들녘을 걷는 것이 아니라 하나님의 은혜 속으로 걸어가고 있는 것이며, 이것이 바로 천국이라는 것을 온몸으로 느끼는 순간이다.

하나님으로부터 이렇게 행복한 천국의 나들이를 선물로 받는 은혜를 입었으니 난 참 행운아란 생각이 든다.

그래서 이런 행운의 계기가 된 선배님에게 감사한 마음도 함께 담아 '하나님! 감사드립니다.'라고 하는데, 나도 모르게 내 입에서 'Amazing Grace'와 'You raise me up'이 흘러나온다.

참 행복한 나들이다.

5부

생의 이별 앞에서

병실에서 입춘을 보내며

커피포트의 물 끓는 소리
피어오르는 수증기의 따스함

창밖에 분주하게 움직이는 사람들
보호자와 간호사의 따듯한 손길

진심 어린 선후배들의 문자
하나하나 가슴에 눈물 고이고

생애 처음 입원하면서 하나님
주시는 은혜 마음껏 누리며

지금까지 보지 못했던 사랑과
하나님의 손길이 보이는 것도

입춘에 입원하여 수술하는 건
시련이 아니라 은혜라는 것도

더 넓은 마음으로 사랑으로

베풀며 살라는 하나님의 뜻도

이제야 깨닫고 감사로 뉘우치며
병은 의사에게 생명은 하나님께

사랑하고 베풀며 고맙고 감사한
마음으로 기도드리며 회개합니다

입춘에 수술실로 가면서

입춘 새벽부터 몸은 수술실로
마음은 남녘으로 봄 마중 가며

그리움도 미움도 세상만사가
사랑이라는 걸 이제야 알았네

하물며 인연에 머무르는 사람들
얼마나 고맙고 감사한지도 알았네

따사로운 햇살 한 줄기에 정과
그리움이 흐르며 눈물마저 고이는데

예전에 봄 마중하던 입춘이 오늘은
삶을 사랑하고 인생을 느끼게 하네

내 다시 고향 집으로 돌아오는 날
봄 잔치 열어 세상을 사랑하리라

생의 막다른 길에 서면

고민이 많다고 세상의 짐을 혼자 지고 있는 듯이 말하는 분들이 있습니다. 그 고민이, 그 걱정이 무엇입니까? 사랑입니까? 돈입니까? 권력입니까? 아니면 명예입니까?

그러면 건강을 잃어서 인생이, 삶이 벼랑 끝에 서 있어 보았습니까? 내일을 보장받지 못하고 하루하루를 연명해 보았습니까? 지금까지 알고 있었던 가치관이 의미가 없고 세상이 다르게 보이는 현실을 만나보았습니까? 아무에게도 말 못 하고 하루하루 마지막 순간을 기다리는 심정을 겪어보았습니까?

우선 멀리 있는 친인척보다 가까이 있는 이웃이 더 중요하다는 사실과 자식도 남이나 다름없다는 말들이 내게도 현실일 수 있다는 사실과 진정한 친인척과 진정한 친구와 진정한 이웃이 확실히 구분된다는 것을 분명히 알게 될 것입니다.

저는 지금도 생명의 외줄 위에서 하루하루를 살아가고 있습니다. 그래서 아주 작은 관심과 전화 한 통, 문자 하나도 저에게는 큰 위안이 되고 있습니다.

먼저 아내의 헌신적인 희생과 매형과 매제와 누님과 동생, 그리고 조카들의 위로와 관심이 너무 많은 힘이 되었고, 올해 90세 되시고 국가에서 자랑스러운 제복을 받은 국가유공자이신 원로님이 꽃나무 화분(지금도 우리 집 현관 앞에 자라고 있음)을 들고 몇 개월 만에 퇴원하여 집으로 돌아오는 저를 직접 마중 나와서 식사 자리를 마련해 주시면서 건강의 상징이었던 제가 연민을 느낄 정도로 검게 여윈 모습을 보시면서 눈시울을 붉힐 때 가슴이 뭉클하여 눈물을 참느라 잠시 숨을 멈추었던 일과 문학으로 인연이 되신 대구의 회장님과 서울의 선배님, 그리고 미국에 사는 사랑하는 동생에게 제가 진실을 말할 수 없어 간단한 수술이라고 하였는데도 적지 않는 도움을 주셔서 그 은혜에 보답하기 위해서라도 제가 다시 일어나야 하겠다는 의지를 갖게 해주셨습니다.

그리고 고향마을 사람들의 관심과 이웃분의 특별한 위로와 도움이 큰 힘이 되었고, 차를 가지고 저의 손과 발이 되어주고 있는 중·고등학교 동기 부부와 치유를 위하여 운동하면서 신으로 세상에서 가장 좋다는 신발을 선물한다고 하며 지금까지 누구에게도 말해보지 않았다면서 "사랑합니다."라고 하신 사장님과 오래된 휴대전화 카바 교체와 입원용 실내화를 선물한 외손녀 때문에 다시 일어서야 할 이유가 더 늘어나게 되었습니다. 그리고 사촌들의 단체 방문과 특히 멀리 울산에서 집으로 찾아온 사촌 여동생 부부와 직접 병원으로 오신 서울의 사촌 형 부부의 방문과 위로가 큰 힘이 되었습니다.

또한, 의사와 간호사 등 의료진의 노고와 함께 동병상련을 겪고 있는 후배와 가끔 통화하는 시간, 직접 방문하여 위로하거나 전화나 문자로 위로하여 주신 모든 분, 먼저 같은 경험을 겪었던 후배와 지금도 같은 치료 중인 문단의 중요한 위치에 계신 분의 경험을 통한 조언과 위로, 그리고 저를 위하여 기도하는 등 관심을 가지신 문단의 선후배를 포함한 모든 분이 저에게는 큰 힘이 되고 있습니다.

그리고 제가 가장 존경하는 목사님과 가톨릭 신자이시며 제가 모셨던 존경하는 사령관님의 중보기도와 제가 회복되고 있다고 마음의 키스를 보낸다며 진심으로 기뻐하는 절실한 가톨릭 신자인 제 이름과 반대의 이름을 가진 사랑하는 친구의 위로와 진실한 기도가 너무나 큰 힘이 되고 있습니다.

특히 수술 후 부활절이 다가오는 어느 날 내 인생에서 마지막 부활절이 될 것 같아서 이유는 말하지 않고 이번 부활절에는 달걀도 못 먹겠다고 푸념을 했었는데 서울에 계시는 전 WHO 국제회의 한국대표이었으며 국제PEN한국본부 이사인 존경하고 사랑하는 권사님이 형형색색의 색깔로 장식한 많은 달걀을 정성껏 포장하여 보내주신 부활절 믿음의 선물을 받아들고 병실에서 많은 감동을 받은 것이 치유에 큰 힘이 되었습니다. 그런데도 나는 평소 같으면 바로 답례하는데 이번에는 서울에서 중환자실에 있으니 어떻게 할 수가 없어서 아직도 답례를 못 하고 있습니다. 지금도 권사님은 그때 제가 권사님이 사는 서울에서 사경을 헤매고 있었다는 사실을 모르고 있습니다. 아니 앞에서 언급한 대부분 사람도 이 글을 읽기 전에는 모르고 계십니다. 누구에게도 피해나 신경을 쓰게 하고 싶지 않았기 때문입니다.

아직은 모르지만, 절망에서 여러 번의 기적 같은 은혜로 저는 아직 살아서 이 글을 쓰고 있습니다. 제가 아무리 믿음이 강하고 낙천적이라고 해도 처음 이러한 사실을 알고 그 충격에서 벗어나 현실을 받아들이고 마음이 안정되어 글을 읽고 창작할 수 있기까지는 남모르게 밤을 새우며 흘린 숱한 회한의 눈물과 글로써 표현할 수 없는 많은 시련과 고통이 있었습니다. 그러나 10시간 수술 후에도 새벽에 일어나서 새벽기도 드리고 평소처럼 기도문을 보낼 수 있었던 것은 삶에 신념과 같은 굳건한 믿음이 나를 일어나게 했기 때문입니다. O. henry(1862~1910) 단편소설 「마지막 잎새」처럼 하루도 새벽기도를 못 드리면 삶이 멈출 것 같았기 때문입니다.

이제 저는 몸은 옛 모습이 아니라도 천천히 회복되고 있으니 어떻게 될지는 잘 모르겠지만, 마음은 평안한 일상으로 돌아와서 계속 치료를 하면서 모든 것을 하나님께 맡기고 창작활동에 전념하고 있습니다. 그리고 제가 해야 할 문화사업과 준비한 많은 자료를 정리하면서 새로운 희망을 품고 최선을 다하고 있습니다.

이제는 지금까지 인연이 되신 한 분 한 분이 저의 희망이고 새벽기도가 저의 생명입니다. 그래서 저의 바람은 이 생에서 반드시 만나야 할 그리운 사람들을 만날 수 있을 때까지 머무를 수 있기를 바라며, 준비된 많은 자료로 시작한 창작과 지역의 문화사업을 마무리하고 여러 번의 기적 같은 은혜를 간증하고 전도하는 사명의 삶을 다할 수 있기를 바랄 뿐입니다.

아직은 언제일지 모르지만, 생이 멈추는 그 날, 그 순간까지 저는 매일 새벽에 일어나 기도드리는 일상의 하루하루를 기적이라고 믿으며 감사하고 사랑하는 마음으로 기도하는 믿음의 삶을 살아가겠습니다. 그래서 오늘도 두 손 모으고 간절히 기도드립니다.

'하나님!
오늘 하루도 믿음과 모든 인연과 함께 건강하게 새벽기도로 시작할 수 있게 하여 주심에 감사드립니다.'라고…

이 글은 어느 여류 시인이 삶이 힘이 드신다고 하여 이 글을 읽고 조금이라도 위안이 될까 하여 보내드린 글이며 아울러 동병상련을 겪고 계시는 경상북도 도지사님의 쾌유를 기원하며 보내드린 글입니다.

이 글을 읽으시는 모든 분은 건강하실 때 최선을 다하며 베풀고 감사한 마음으로 살면서 한순간도 놓치지 마시고 인생을 보람되고 후회 없도록 살아가시기 바라겠습니다.

단지 믿음과 말씀 안에서…

천국의 무지개

우리의 시련이
욥의 시련보다
더할지라도

가슴에 무지개
사라지지 않도록
사랑하면서 살자

시련이 축복이 되는 은혜의 날
아름다운 소풍 마치고 돌아가는 날
사랑의 무지개 타고 갈 수 있도록

생의 이별 앞에서·1

평범한 일상이
그리움이 되는 시간

여기던가 저기던가
거닐던 곳 모두 그리움

너와 내가 속삭이며
주고받은 말 모두 그리움

세상은 변함없는데
내 가슴엔 눈물이 고인다

생의 이별 앞에서·2

우리 헤어지더라도
아름다운 추억은
가슴에 담아두자
다시 만나면 이야기하도록

우리 헤어지더라도
소중한 순간은
가슴에 담아두자
다시 만나면 이야기하도록

우리 헤어지더라도
슬퍼하지 말자
영원한 이별은 없으니
언젠가 다시 만날 테니까

그 만남이
내세일지라도
그때 그리웠던 일들
마음껏 이야기하자

사랑하고 감사하자

보일 듯 말 듯 작은 새싹
느낄 듯 말 듯 스치는 미풍

눈부신 햇살에 날으는 벚꽃잎
아지랑이 피어오르는 푸른 언덕

아득한 수평선을 바라보는 느낌
작은 미물마저 포용하고픈 마음

성령으로 다시 태어난 새로운 삶
일상의 자연이 기적으로 느껴진다

다시 믿음 소망 사랑 말씀으로
세상을 우주를 사랑하고 감사하자

최후가 보이면

작은 일들로
고민하고 싸웠던 일들이
의미 없게 생각되고

작은 일들로
다투고 헤어지는 모습도
의미 없게 보이고

작은 일들이라고
지나쳤던 일들이
의미 있게 느껴지고

계절 따라 피는 꽃도
내년에도 피는 모습을
볼 수 있을까 생각하게 되고

세상 살아있는
모든 생명체가
부럽게 느껴지고

친구의 중요성과
진정한 친구가
누군지 알 수 있게 되고

이웃의 중요성과
진정한 이웃이
누군지 알 수 있게 되고

친인척의 중요성과
진정한 친인척이
누군지 알 수 있게 되고

성도 사랑의 중요성과
진정한 믿음의 성도가
누군지 알 수 있게 된다

라일락 향이 흐르고

병실 창문 너머
라일락 향기가
바람 따라 흐른다

싱그러운 라일락 향기가
노을 젖은 한강의 붉은 물결에 스며들어
환자의 고통 소리와 함께 힘겹게 흐른다

서울아산병원 간호통합병동 제1호실
고독과 신음으로 무거운 침묵이 흐르는데
창밖 라일락 향은 내 운명과 함께 흘러간다

희망

전선에서도
포화 속에서도
전우의 시체 옆에도
죽은 로마 병사의 옆에도
아름다운 꽃은 피어나듯이

가장 위기의 암 환자들이
있는 간호전문병동 제1호실

라일락 향이 봄과 함께 흐르고
창밖 한강도 아름답게 흐르는데

가슴을 스치는 성령의 은혜
이보다 더 행복할 수는 없다

기적을 기다리며·1

개나리가 만발하고
벚꽃이 화사한 눈부신
봄날에 집을 떠나왔는데

지금쯤 꽃이 만발한 정원에
우리 강아지 '귀염이'는
꽃그늘에 혼자서 나를 기다리며
망중한을 즐기고 있겠지?

내가 돌아가면
그때까지 꽃이 남아있을까?

지금 내 가슴에는 우리 집이
세계의 명화처럼 다가오면서
봄 향 가득한 희망으로 채운다

'하나님!
봄을 '귀염이'와 하루라도 함께할
수 있도록 은혜 베풀어 주시옵소서!'라며…

일상이 기적

우리 집 벚나무에
벚꽃이 만개하여
눈부실 때 떠났는데

벚꽃은 흔적도 없이
사라졌지만
기적처럼 다시 돌아왔다.

살아서 올 줄 몰랐는데
하루하루가 감사하고
평범한 일상이 기적이다

기적을 기다리며·2

우리나라 최고의 시설
가장 아름다운 방에서
창밖 한강을 바라본다

태양이 고층건물 숲으로
숨어들면서 한강에는
붉은빛으로 물드는데

내 몸속의 세포도 피를
토하며 치열하게 싸우고 있다

아름다움이 아름답지 않은
적막한 흑암 속에서도
마음은 평안하여 사랑하고
그리운 사람을 만날 수 있다는
신실한 믿음으로 희망을 품고

오직 하나님만 믿으며
지친 영혼이 두 손모아

애원하듯이 기도드린다

'하나님!
시련을 주시려거든
극복할 능력도 함께 주시옵소서!'라고…

소망

저 멀리 남산 너머로
태양이 넘어가면서
한강이 붉게 물드는데

어쩌면 오늘 현세를 떠나는
선하고 아름다운 성도들의
영혼을 인도하여 본향으로
가시는 모습처럼 아름답다

내 영혼도 인도해주시겠다면
고향의 어린 시절 추억 어린
그곳에서 본향으로 가고 싶다

기적을 기다리며·3

 우리 집 작은 뜰에는 평소에도 새들이 많이 모입니다. 우리 집은 화려하지도 세련되지도 않지만, 뒤쪽이 산으로 연결되기 때문에 이름 모르는 산새들이나 가끔 멧돼지나 고라니와 산짐승이 찾아오기도 합니다.

 그런데 얼마 전부터 어린 시절 보았던 참새들이 나타나기 시작하면서 혼자 다니는 아름다운 새와 떼를 지어 다니는 새들이 찾아오기 시작했습니다. 그래서 먹다 남은 해바라기 씨와 오래된 쌀을 모이로 주면서 까치와 비둘기까지 찾아오기 시작했습니다.

 그러던 어느 날, 기적처럼 흰 공작새가 나타났습니다. 처음에는 사람을 보고 천천히 반대 방향으로 이동하더니 며칠이 지나면서 사람이 있어도 천천히, 그리고 조심스러우면서도 자연스럽게 스스로 행동하였습니다.

 내 생각으로는 내가 주는 모이보다도 우리 텃밭을 100% 친환경으로 관리하다 보니 다양한 벌레가 많고, 채소 및 가지와 방울토마토 등이 있으니 벌레를 먹기 위해 텃밭을 파헤치고 채소와 열매를 먹으며 다니고 있는 것 같았습니다. 작은 텃밭에 피해가 크지만, 머리에 흰 관(冠)이 달려있어서 품위가 있어 보이며 흰색이라 길조로 여겨

져서 자유롭게 활동할 수 있도록 오히려 내가 흰 공작새가 놀랄까 봐 조심하고 있습니다.

우주 만물은 먼저 마음을 열어주면 무엇이든 뜻이 통하는 것 같습니다. 유기견들이 우리 집으로 오면 다시 떠나지 않고 머무르고, 새들도 산짐승도 우리 집으로 오는 것은 내가 자신을 헤치지 않는다는 느낌을 느끼는 것 같습니다. 그래서 자연스럽게 행동하다 보면 내가 다가가도 멀리 달아나지 않고 조금씩 이동하다가 멈춰 서서 다시 모이를 찾아 먹는 것을 느낄 수 있어서 나도 조심스럽게 행동을 합니다.

조금 더 시간이 지나면 TV나 유튜브에서 보듯이 새가 내 손바닥의 모이를 먹는 날이 오지 않을까 하고 희망을 품어 봅니다.

지금처럼 새벽기도 드리고 우리 집 뜰에서 일찍 먹이를 찾아 나선 새들과 함께 소일하면서 보내는 시간이 나에게는 치유와 감사의 소중한 시간입니다.

최근에 며칠은 흰 공작새가 집을 찾아갔는지 야생에서 생활하다가 산짐승에게 잡혔는지 보이지 않아서 은근히 걱정됩니다. 정이란 무서운 것 같습니다. 몇 번 만났지만, 대화도 없고 인사도 없었는데 정이 들었나 봅니다. 다시 찾아오면 더 바랄 것이 없겠지만, 찾아오지 않더라도 무사하길 바랄 뿐입니다.

다행히 며칠 후 다시 흰 공작새가 우리 집으로 찾아왔습니다. 그런데 우리 텃밭을 만신창이로 만들었습니다. 지금까지 굶었는지 뿌리까지 파헤쳐서 우리가 먹을 것도 없을 것 같습니다. 그러나 흰 공작새가 길조라고 믿으며 제가 희망을 품으면서 느끼는 긍정적인 효과와 흰 공작새가 텃밭을 파헤치는 피해 중 어느 것이 정신적인 도움이 되었는지는 몰라도 나는 텃밭의 피해를 받아들이고 흰 공작새와 다시 화해했습니다. 정치인들도 전부 아니면 전무라고 흑백논리로 싸우지만 말고 정의와 상식 등 원칙을 준수하면서 서로 주고받으며 상생했으면 좋겠다는 생각이 듭니다.

나와 흰 공작새가 화해한 밑바탕에는 저는 건강상의 이유로 간절한 마음으로 기적을 기다리고 있었고, 흰 공작새는 다른 집에서는 피해를 준다고 쫓겨 다니고 있었으니 저나 흰 공작새나 어쩌면 선택의 여지가 없었는지도 모르겠습니다.

이제 나에게는 마음에 바라는 기적이 찾아오고, 흰 공작새에게는 주인이 나타나거나 흰 공작새가 주인을 찾아가거나 아니면 나와 함께 평화롭게 살면서 나는 먹이를 주고 흰 공작새는 텃밭에 피해를 주지 않고 나와 평화롭게 지내면서 내가 믿는 길조의 증표로 기적을 가져왔으면 더는 바랄 것이 없다는 생각을 해봅니다.

그래서 오늘 새벽에도 여러 종류의 새와 아직은 가끔 나타나는 흰 공작새와 함께 치유와 감사한 마음으로 행복한 하루를 시작하면서 기도드립니다.

'하나님!

이 축복의 시간과 기적을 기다리며 희망을 품은 긍정적인 마음을 믿음으로 함께하는 분들과 공유하며 함께 건강하고 함께 행복한 믿음의 삶을 살게 하여 주시옵소서!'라고…

믿음의 길

기도에 응답이 없어도
그 뜻이 있을 것이므로
기도하고 또 기도하면
성령으로 평안하리니

시련에 좌절하지 말고
서로 신실한 믿음으로
살며시 기도하는 손 잡고
믿음과 말씀으로 세상을 밝히면

언젠가 노을 너머로 갈 때
진실한 성도들이 성스러운
환상의 빛 속에서 천국을
찬양하며 성령으로 맞으리라

여생의 단상

세상 만물은 아름다운데
이별은 순서 없이 오간다

언제 가더라도 슬퍼하지 말자
모두 가는 길이고 우리의 본향이니까

언젠가 내 영혼은
무엇이 되어 다시 돌아올까?

순수하고 아름다운 사람들이
바라보는 밤하늘에 빛나는 별이 될까?

슬프고 외로운 사람들이
바라보는 자유로운 구름이 될까?

정처 없이 떠돌아다니는 사람들이
느끼는 시작도 끝도 모르는 바람이 될까?

순리대로 선하게 살아가는 사람들이

바라보는 평화롭게 흘러가는 강물이 될까?

난 밝고 맑은 마음으로 쳐다보는
새벽하늘의 샛별이 되고 싶다

슬프고 외롭고 정처 없이 떠도는 사람도
새벽이면 마음이 선하고 명징明澄해지니까

오! 주님…

언제나
내 영혼 주변에서
평안하게 머무시는 당신

있는 듯 없는 듯
항상 지켜보시며
치유의 힘이 되신 당신

언제 어디서나
말씀으로 인도하시니
감사드리며 사랑합니다

또다시 기적을 기다리며
-가을에 보내드리는 고백

지난봄에 저는 입추까지 살아있을 것이라고는 생각도 못 했습니다. 하지만 저는 살아서 감사한 마음으로 새벽기도 드리며 입추를 보내고 처서를 맞이했습니다.

아직은 생명의 외줄을 타고 하루하루를 살아가고 있지만, 내 인생의 화양연화라고 할 수는 없어도 지금이 내 인생의 어느 시기보다도 더 평안하고 보람되고 행복하게 살아가고 있습니다.

물론 많은 분의 도움으로 우리나라 최고 병원에서 최고의 의료진에게 최장의 수술을 받고 완치의 희망을 품으며 지금도 즐겁고, 감사한 마음으로 살아가고 있습니다.

저는 지금까지 살아오면서 혼자서 보낸 세월이 많아서 그런지 좋은 분과 인연이 되거나 서로 마음을 주고받거나 어떠한 도움을 받으면 남다르게 감동하고 감사하면서 반드시 보답하면서 살아왔습니다. 그래도 남들 앞에서는 항상 건강하고 자신 있게 살았지만 내면 깊숙한 곳의 숙명적인 외로움은 어쩔 수 없었는가 봅니다. 그래도 봉사활동을 하면서 행복하게 살 수 있었던 것은 부모님에게 받은 신앙과 누님들의 사랑과 저와 아름답고 다양한 인연으로 함께

하시는 소중한 분들의 관심과 사랑이 나의 삶의 원천이었기 때문이라고 생각합니다.

그런데 과거에는 진심을 담은 응원이나 위로의 글, 그리고 진정한 마음의 선물을 받으면 고마움과 감사한 마음이 앞섰는데, 요즘은 왠지 눈물이 앞섭니다. 세월이 그렇게 흘러서 그런지, 몸과 마음이 약해져서 그런지, 진실한 마음의 응원이 절실해서 그런지 알 수는 없습니다.

어느 시인이 그랬듯이 신이 인간에게 준 선물 중에는 건강을 상징하는 웃음과 치유를 상징하는 눈물이 있다고 하는데 그래서 신의 은총으로 치유의 눈물을 많이 흘리는지도 모르겠습니다.

그리고 평소에 지나가다가 불의나 어려운 분들을 만나면 그냥 지나치지 못하거나 최근처럼 흰 공작새나 이름 모르는 작은 새가 우리 집으로 찾아오거나 작은 뜰에 한 마리 나비가 보이거나 핑크빛 예쁜 접시꽃은 물론 작은 꽃잎 하나가 피거나 작은 잎 하나가 떨어지는 사소한 자연현상에도 믿음에 대한 하나님의 메시지가 아닐까 하고 항상 감사한 마음으로 받아들이며 행복하게 살아가고 있습니다. 더구나 최근에는 지연·학연·전우·친구·친인척·이웃 등 많은 분의 관심과 위로를 받고 있으며 그분들이 처음에는 제가 예후가 좋지 않은 암중에 하나인 담도암이라는 것을 알고 체중이 23kg이나 빠지고 얼굴이 검게 변한 제 모습을 보고 이미 운명을 예감하듯이 절망적인 얼굴로 저를 안쓰럽게 바라보았고, 저도 집에서 가족에게 유언처럼 마지막 인사도 했습니다. 그러나 세 번의 기적 같은 일들과 긍정적인 믿음의 삶이 저에게 미소를 보내면서 희망을 품기 시작했습니다. 그래서 10시간 수술 후에도 새벽기도 드리며 믿음의 삶을 이어 왔습니다.

저는 수술 전이나 후에도 일 년 365일 하루도 쉬지 않고 기도드리는 생활을 계속했습니다. 저와 여러 사연으로 인연이 되신 분들과 새벽을 함께하시는 분들을 위하여…

오로지 믿음과 감사와 사랑만이 치유할 수 있다고 저는 신념처럼 믿었기 때문입니다. 그 후 많은 분이 암을 극복하는 방법 등 다양한 정보와 응원, 그리고 관심과 위로를 해주시고 있습니다. 하지만 미래는 하나님 외에는 누구도 알 수 없기에 더욱더 감사한 마음으로 기도드리며 평안한 마음으로 행복하게 살아가고 있습니다.

얼마 전에 수술 후 3개월 만에 처음 정식으로 종합검사를 하고 분석한 결과를 설명 들었습니다.

수술은 개복수술로 10시간이나 걸렸지만 수술이 잘되었다고 했었는데 이번에도 서울아산병원의 간담도췌외과 홍광표 교수님과 종양내과 유창현 교수님 두 분 모두 깨끗하게 치유가 잘되고 있다고 했습니다.

모두 잘되었다고 말하지만, 저는 알고 또 믿습니다. 하나님의 은혜가 있어야만 이 모든 일이 있을 수 있고 가능하다는 것을…

그리고 어떤 명약보다도 진실한 마음의 응원이 중요하며, 더구나 진실한 마음에는 빈부귀천이 없습니다. 저와 인연이 되신 모든 분이 말없이 드리는 진실한 마음의 기도와 응원, 그리고 순수한 마음으로 보내는 위로와 관심, 그리고 인연이라기보다 운명으로 맺어진 목사님과 특별한 분들의 영혼이 깃든 치유를 위한 중보기도와 모두를 사랑하고 그리워하는 마음이 저를 아직 지구촌에 머물게 하고 있다고 믿고 있습니다.

그러니 어떻게 하나님의 말씀을 따르지 않고, 인연이 되신 모든 분에게 감사하고 그분들을 위하여 기도드리지 않을 수 있겠습니까?

지역원로님들이 저에게 지역을 위하여 아직 할 일이 태산 같은데 벌써 가면 안 된다고 하시고, 문단 선후배님들의 진심 어린 마음의 응원과 기도가 큰 힘이 되었고, 우리 지역뿐만 아니라 전국적인 문화예술인과 체육인, 그리고 연예인들이 보잘것없는 저를 아껴주시며 매일 안부를 전하고, 말이나 글로써 표현할 수 없는 친인척보다도 더 많은 관심과 위로와 지원을 해주신 여러 이웃분과 지인들의 응원과 위로가 나를 지금까지 살아있게 하지 않았나 하는 믿음으로 하루하루를 감사한 마음으로 살아가고 있습니다.

그리고 형제 남매와 여러 조카와 사촌들이 다시 회복하여 옛날처럼 항상 떳떳하고 자신감 있게 집안의 버팀목이 되어달라고 하고, 누님이 먼저 가시어 혼자 계시는 90세이신 둘째 매형은 복날에 수박을 들고 찾아가니 여윈 내 모습을 보고 눈시울을 붉히면서 "다른 사람은 몰라도 '희복'이는 오래 살아야 한다."라고 하시면서 내 수술한 배와 다시 수술한 등을 보시면서 결국, 눈물을 보이시면서 멀리까지 나와서 서 있는 모습을 보고 저도 눈물을 흘렸고, 셋째 매형은 내가 내 꿈마저 저버리고 어린 시절에 느꼈던 부모님의 한을 조금이라도 풀어드리려고 집을 새롭게 짓고 부모님이 떠나실 때까지 직접 수발하였던 것을 아시고 항상 안타까워하시면서 제가 없으면 세상이 무너질 것 같은 표정으로 야윈 저를 안쓰럽게 쳐다보시던 모습이 아직도 눈에 선합니다. 그래서 이런 고마운 분들의 마음이 큰 힘이 되어 부족한 제가 기적처럼 여기까지 왔다는 확신과 감사한 마음에 모든 분을 위하여 매일 새벽 기도드리며 살아가고 있습니다.

나는 대학과 직장에 다니면서도 부모님의 도움을 받을 생각은 처음부터 하지도 않았습니다. 부모님이 그렇게 부족하지도 여유롭지도 않았지만, 부모님의 재산은 내 것이 아니라는 확고한 생각과 주변에서 재산 때문에 형제가 멀어지는 모습을 직접 보면서 많은 것을 느꼈기 때문입니다. 하지만 여러 누님을 두고 늦둥이로 태어난 장남이지만 집안의 모든 일은 혼자 하면서 집안 누구의 도움도 받지 않으며 부모님을 모시고 입원과 이 병원 저 병원을 오가며 직접 수발을 하면서 부모님이 마지막 떠나실 때까지 최선을 다하며 모셨지만, 그 누구도 당연하게 생각하며 수고했다는 진심 어린 말 한마디 듣지 못했는데 그것은 제가 아무리 어려워도 전혀 내색하지 않고 긍정적으로 살아왔으니 그랬었던 것 같았습니다. 그러나 이번에 진실을 알게 되었습니다. 모두가 불사조처럼 믿었던 제가 갑자기 생사의 갈림길에 처하니 지금까지 저에게 하지 못했던 진심 어린 말을 하시는 것을 들으며 주변 분들의 진심을 알게 되면서 더욱 많은 힘을 얻게 되었고, 어쩌면 하나님께서 이런 주변 분들의 진심을 알게 하시려고 저에게 이러한 시련을 주시지 않으셨나 하는 엉뚱한 생각마저 들었습니다. 그래서 이런 분들을 위하여 새롭게 다시 시작해야겠다는 의지를 굳게 다지게 되면서 지금까지 올 수 있었다는 확신도 들었습니다.

그리고 그 짧은 몇 개월 동안 기적 같은 여러 일을 체험했었는데 첫 번째는 최초 응급실에서 모두가 좌절하는 눈빛으로 나를 안쓰럽게 바라보는 가운데 갑자기 저의 온몸과 마음, 그리고 영혼까지 성수가 내리듯이 어떤 기운이 느껴지면서 지금까지 살아오면서 있었던 희로애락이 모두 이해되면서 모든 것이 용서되고, 스스로 회개하면서 마음이 믿을 수 없을 정도로 평안하게 되어 삶과 죽음을 초월하는 안정을 취할 수 있게 되었던 것으로 성령이 이런 것이 아닐까 하는 생각이 들면서 새로운 영적인 삶이 시작되었던 것이었고, 두 번째는 수술한 날 밤 꿈에 세상에서 상상할 수도 없는 성화에서나 보았던 아름다운 천국 같은 곳에 제가 있었는데 그곳에 있는 것만으로도 치유되는 것만 같았습니다. 그런데 그곳에서 전 해병대중앙전우회 부총재이었으며 ㈜지성건설 회장인 친구 김성태 회장을 만났는데 김 회장은 천국 같은 아름다운 곳에서 나를 인도하며 이곳저곳으로 다니면서 여기서도 '알부민'을 마시게 하고 저기서도 '알부민'을 마시라고 하여 알부민을 마음껏 마셨는데 그다음 날부터 너무나 편안하게 빠른 회복을 가져왔습니다. 사실 나는 그때까지 '알부민'이 무슨 약인지도 몰랐는데 그 이후에 간에 관한 약이라고 하며 지겨울 정도로 오랫동안 많은 처방을 받았습니다. 김 회장은 인생의 중요한 시기는 물론 평소에도 너무나 많은 도움을 받았던 친구이지만 나는 지금까지 보답은커녕 아무것도 해준 것이 없었는데 위기의 상황에서도 꿈속에서까지 나타나서 나를 구해주시니 내가 무엇으로 은혜를 갚아야 할지 모르겠습니다. 그래서 내 인생에서 김 회장을 만난 것은 인연이 아니라 운명이라는 생각이 듭니다. 세 번째는 아직도 죽음에 대한 갈등이 나를 흔들리게 하던 어느 날 꿈속에서 얼마 전에 선종하신 제266대 프란치스코 교황(Francis, Jorge Mario Bergoglio)님께서 우리 집으로 오셨습니다. 평소처럼 새하얀 옷을 입으시고 너무나 온화한 모습으로 들어오셔서 아주 천천히 평화로운 눈빛으로 부엌을 둘러보시고 다시 제 늦둥이 아들의 방으로 가시어 앞에 서 있는 아들과 아들 뒤에 나도 모르는 어린아이가 서 있었는데 아들보고 하시는지 아들 뒤의 어린아이보고 하시는지는 몰라도 앞으로 성직으로 큰일을 할 것 같은 예시를 주셨습니다. 제가 처음으로 교황님의 꿈을 꾸었지만 너무나 평안하고 성스러운 기운을 받았습니다. 그런데 신기하게도 그날 오랜만에 문단의 중요한 위치에 계시는 국제PEN한국본부 김경식 사무총장에게 안부 전화를 드렸는데 놀랍게도 저와 같은 동병상련을 겪고 있다는 사실을 알았고, 그래서 통화하면서 많은 위로와 실질적인 도움을 받으면서 정신적인 위기를 극복하고 안정을 찾았습니다. 그때부터 나는 정신적으로 안정이 되면서 지금까지 획기적으로 치료되어 일상생활이 가능하게 되면서 막연한 희망이 현실이 되어 가고 있습니다. 그래서 저의 좁은 소견으로는 교황님의 꿈이 희망을 잃고 방황하는 저에게 치유의 길을 알려주시지 않으셨는가 하는 생각에 다시 새로운 희망을 품고 믿음의 생활을 이어가며 살아가고 있습니다. 그 외에도 저의 간절한 기도에 하나님은 한 번도 외면하지 않으시며 조건 없는 응답의 은혜를 주셨습니다.

그래서 저는 생의 마지막 순간까지 인연이 되신 모든 분에게 감사드리면서 한순간, 한 분도 빠짐없이 영혼에 새겨 두고 그분들을 위하여 기도드리며 고마움을 마음에 품고 살아갈 것을 다짐하고 또 다짐해봅니다.

최근에 우리 집 뜰에 제가 기적의 길조라고 생각하는 흰 공작새가 남기고 간 하얀 깃털을 보관하고 있었는데 다시 흰 공작새가 나타났습니다. 더구나 이번에는 처음으로 눈도 마주쳤습니다. 그런데 저만의 생각인지는 몰라도 흰 공작새가 나타나면 주변 새들의 노랫소리와 풀벌레 소리가 더 정겹고도 맑게 들리고, 들고양이도 우리 집 강아지 귀염이와 더 흥겹게 어울리고, 백일홍은 더 붉고 모든 꽃이 더 아름답게 보이고, 국화와 허브의 향이 더 진하게 느껴지며, 벚나무·향나무·비자나무·단풍나무·동백나무·감나무·석류나무 등 정원수는 물론 잔디와 채소마저 더 푸르고 더 싱그럽고 더 환상적으로 보이는 것 같습니다. 더구나 우리 집 명품인 선사시대의 고인돌은 더 너그럽고 더 평안하게 수천 년의 쉼을 즐기고 있는 것 같습니다. 그래서 또다시 희망을 품고 기적을 기다리며 새롭게 새로운 목표를 세우고 정진하면서 두 손모아 기도드립니다.

'하나님!

하나님 은혜에 감사드리며 저와 인연이 되거나 아직 인연이 닿지 않았더라도 선하고 착하게 믿음으로 사시는 모든 분에게 하나님이 허락하신 천수를 다할 때까지 믿음과 말씀 안에서 건강하고 행복하게 살다가 이 세상 소풍 마치고 돌아가는 날 즐겁고 행복하게 본향으로 돌아갈 수 있도록 성령의 크신 은혜 베풀어 주시옵소서!'라고…

믿음과 말씀 안에서 성실하고 선하게 살아가는 모든 분을 위하여…

삶의 여정
해남 이희복 시와 에세이

●

초판발행 | 2025년 9월 30일
지 은 이 | 이희복
발 행 인 | 김영선
펴 낸 곳 | 흔맥문학출판부
　　　　　서울시 서대문구 통일로 479-5
　　　　　등록 1995년 9월 13일(제1-1927호)
　　　　　전화 02)725-0939, 725-0935
　　　　　팩스 02)732-8374
　　　　　이메일 hanmaekl@hanmail.net

●

값/ 12,000원

●

잘못된 책은 서점에서 바꿔드립니다

ISBN | 979-11-93702-26-0